Prime BOUNGOU OBOUMADZOGO

10 Principes qui ont fait de Joseph le Prince d'Egypte

Prime BOUNGOU OBOUMADZOGO

10 Principes qui ont fait de Joseph le Prince d'Egypte

Éditions Croix du Salut

Imprint
Any brand names and product names mentioned in this book are subject to trademark, brand or patent protection and are trademarks or registered trademarks of their respective holders. The use of brand names, product names, common names, trade names, product descriptions etc. even without a particular marking in this work is in no way to be construed to mean that such names may be regarded as unrestricted in respect of trademark and brand protection legislation and could thus be used by anyone.

Cover image: www.ingimage.com

Publisher:
Éditions Croix du Salut
is a trademark of
Dodo Books Indian Ocean Ltd. and OmniScriptum S.R.L publishing group

120 High Road, East Finchley, London, N2 9ED, United Kingdom
Str. Armeneasca 28/1, office 1, Chisinau MD-2012, Republic of Moldova, Europe
Managing Directors: Ieva Konstantinova, Victoria Ursu
info@omniscriptum.com

Printed at: see last page
ISBN: 978-613-7-36502-1

Dédicace

Je dedie ce livre à ma chère Mère Olemi Adèle sans qui rien ne se serait fait.

À mon Epouse, Madame la Juge Sarah BOUNGOU.

À mes frères et sœurs.

À mes filles, Sarah et Alila

Remerciements

Je remercie le Boss le Reverend Pasteur Olende Christian et son épouse Mama Patricia.

À mon poto, l'évangeliste Cyril Method.

Merci à mon fils L'apôtre Romeo Saya et son épouse Catrina.

Big big big merci à mon équipe de Bethel Welcome Home.

Merci à toi Ngouandjilous, tu iras loin.

Que toute la gloire soit à Dieu qui m'a aimé.

Sarah et Alila vous êtes ce qui pompe mon cœur.

Introduction :

Le leadership ne se résume pas uniquement à la gestion des ressources ou à la prise de décisions stratégiques ; il repose avant tout sur des principes humains fondamentaux qui façonnent les actions et les relations. Le personnage de Joseph, figure biblique centrale du Livre de la Genèse, incarne de manière exemplaire ces principes universels de loyauté, d'empathie, d'intégrité et de résilience. À travers son histoire, Joseph nous offre un modèle intemporel de leadership, où les défis et les épreuves deviennent des occasions de croissance personnelle et de transformation sociale.

Ce manuel s'efforce de décomposer les valeurs et les principes essentiels que Joseph incarne dans sa vie, tout en explorant leur application dans le monde moderne. En suivant les étapes de son parcours — de l'esclavage à la direction de l'Égypte — nous verrons comment sa loyauté inébranlable, son empathie envers autrui, son sens aigu de la responsabilité et sa foi profonde ont fait de lui un leader hors pair, non seulement en termes de gestion mais aussi dans sa capacité à inspirer les autres.

À travers une lecture détaillée de l'histoire de Joseph et des principes qui en émergent, ce manuel vise à fournir des outils pratiques et des réflexions profondes pour quiconque aspire à devenir un leader véritablement humain, capable de naviguer les complexités du monde avec sagesse, éthique et compassion. Les principes tels que la loyauté, l'empathie, l'intégrité et la résilience ne sont pas de simples concepts abstraits, mais des moteurs d'action concrets qui, lorsqu'ils sont vécus, peuvent transformer non seulement une carrière, mais également les vies de ceux qui nous entourent.

Joseph était un travailleur. (Genèse 37 : 2)

Le Larousse définit le travail comme une activité, qu'elle soit manuelle ou intellectuelle, visant à produire, créer ou entretenir. C'est par cette notion essentielle que débute l'histoire de Joseph : "Joseph, âgé de dix-sept ans, faisait paître les troupeaux avec ses frères." Le verbe "paître", tiré de l'hébreu *ra`ah*, traduit les actions de "soigner" et "nourrir", révélant une activité non seulement physique, mais également fondamentale dans l'économie de l'époque.

Joseph, pourtant, n'était pas un berger ordinaire. Favori de son père Jacob, il jouissait d'un statut privilégié au sein de sa famille. Jacob, homme d'une grande richesse, n'hésitait pas à exprimer cette préférence, ce qui conférait à Joseph un rang enviable. Dans notre société moderne, un héritier de grande fortune est souvent perçu comme un être distant, voire exempté des tâches ardues. Mais cette vision, bien que courante, est simpliste et mérite réflexion.

Imaginez un instant : vous êtes l'héritier d'une immense richesse, et l'on vous demande de vous adonner aux mêmes tâches que vos employés. Honnêtement, auriez-vous accepté de vous salir les mains ? Avant de lire le récit de Joseph, il m'aurait été facile de refuser, en me justifiant par le confort hérité de ma condition. Pourtant, Joseph, malgré ses privilèges, a choisi de faire preuve d'engagement.

Ce choix nous interpelle : que voulons-nous devenir réellement ? Fermez les yeux et transportez-vous dans cette scène. Sans climatisation ni chauffage, vêtu d'un manteau multicolore, entouré des moutons et des effluves de leur étable, vous êtes là, observant et protégeant. Auriez-vous eu la détermination de le faire, même en étant un héritier ? Joseph, lui, l'a fait.

Cette attitude révèle un principe fondamental du leadership : l'exemplarité. Un bon leader ne se limite pas à diriger de loin ; il s'implique dans les réalités de son équipe. Joseph nous enseigne que l'humilité et le travail actif sont essentiels, même pour les dirigeants les plus privilégiés.

En outre, ce récit souligne l'importance d'assumer ses responsabilités, non seulement dans les grandes décisions, mais aussi dans les détails du quotidien. Joseph ne considérait aucune tâche comme insignifiante. Pour un manager, cette capacité à conjuguer stratégie et opérationnalité est cruciale pour inspirer la confiance et renforcer la cohésion de l'équipe.

Finalement, l'histoire de Joseph est une leçon intemporelle. Elle nous rappelle que l'héritage, qu'il soit matériel ou hiérarchique, ne doit jamais dispenser de l'effort. Elle met en lumière l'importance pour un leader de montrer l'exemple, d'accepter l'effort humble, et de reconnaître que c'est souvent dans les gestes simples que naît la véritable grandeur.

En somme, le leadership ne se mesure pas à l'éclat d'une position, mais à l'engagement sincère dans chaque facette du travail. C'est cette implication qui bâtit la loyauté, la motivation et le respect au sein des équipes.

C'est cela que Pharaon vit en Joseph.

Joseph était fidèle à ses principes (Genèse 37 : 2)

On pourrait aisément qualifier Joseph de "taupe" ou d'"informateur". Imaginez-le un instant, travaillant pour la brigade des stupéfiants, avec un micro dissimulé sous ses vêtements. L'image prête à sourire, certes. Pourtant, l'histoire de Joseph évoque celle de Joseph D. Pistone, cet agent du FBI qui, dans les années 70, infiltra la famille Bonanno. Grâce aux informations cruciales qu'il recueillit, Pistone permit des arrestations majeures et infligea un coup décisif à la mafia. Aujourd'hui, il est célébré comme un héros, un homme qui a dédié sa vie à une cause noble : celle de combattre le mal.

De manière parallèle, l'homonyme biblique de Joseph incarne lui aussi l'intégrité et le courage. Dans Genèse 37:2, nous apprenons qu'il rapportait à son père les mauvais propos de ses frères. Ce détail semble anodin, mais il met en lumière son refus d'ignorer les injustices, même si cela attisait la tension entre lui et ses frères. Un élément intrigue cependant : pourquoi le narrateur précise-t-il que Joseph était "avec les fils des servantes de son père, Bilha et Zilpa", plutôt que simplement "avec ses frères" ? Cette précision mérite d'être explorée pour en saisir toute la portée.

Bilha était la servante de Rachel, la deuxième épouse de Jacob. Offerte à Rachel par son père Laban lors de son mariage (Genèse 29:29), Bilha fut ensuite donnée à Jacob par Rachel, stérile à l'époque, pour concevoir des enfants en son nom. De cette union naquirent Dan et Nephtali.

Le nom de Bilha, en hébreu, peut signifier "dérangée" ou "insouciante", suggérant une personnalité ou une condition instable. Cela reflète également le climat tumultueux dans lequel grandirent ses fils, marqué par la rivalité entre Rachel et Léa. Après la naissance de Dan, Rachel s'exclame :

"Dieu m'a fait justice, et il a aussi entendu ma voix, et il m'a donné un fils." (Genèse 30:6).

Puis, à la naissance de Nephtali, elle déclare :

"J'ai lutté de toutes mes forces avec ma sœur, et j'ai gagné." (Genèse 30:8).

Ces paroles révèlent l'intensité des conflits au sein de la famille de Jacob et leur influence sur l'éducation des enfants.

Zilpa, quant à elle, était la servante de Léa, donnée par Laban lors du mariage de cette dernière avec Jacob. Elle devint également une concubine de Jacob et donna naissance à Gad et Asher.

Le nom de Zilpa pourrait dériver de la racine hébraïque tsalaf, qui signifie "se glisser" ou "ruisseler". Ces deux fils, bien que biologiquement issus de Zilpa, furent intégrés à la lignée de Léa, leur mère adoptive. Après leur naissance, Léa attribua des significations symboliques à leurs noms :

Gad : "Fortune" ou "chance" (Genèse 30:9-10).

Asher : "Heureux" ou "béni" (Genèse 30:12-13).

Dire combien était grande la fierté de Léa au point de créée la sensation de mépris dans le cœur de sa sœur rivale.Mais revenons à notre grande interogation.

Que rapportait Joseph à son père ?

Le texte biblique précise que Joseph rapportait à Jacob les "mauvais propos" de ses frères. Les termes hébreux utilisés, "Ra'" (désagréable) et "Dibbah" (diffamation), indiquent que ces paroles étaient malveillantes, peut-être même dirigées contre Joseph. En dénonçant ces comportements, Joseph s'affirmait comme un défenseur de la justice, mais cela ne fit qu'accroître la haine de ses frères envers lui.

La vie de Joseph, est une leçon intemporelle, elle nous enseigne que défendre la justice peut parfois susciter des conflits, mais cela reste essentiel. Que ce soit dans le cadre familial ou social, il est crucial de ne pas laisser les rivalités ou les injustices détruire la confiance en soi. La véritable intégrité consiste à prendre position pour ce qui est juste, même lorsque cela implique des sacrifices.

L'histoire de Joseph, qu'elle soit biblique ou moderne, offre des enseignements précieux applicables à la gestion et au leadership dans un contexte organisationnel.

Car Joseph incarne l'intégrité en dénonçant les comportements malveillants de ses frères. Dans une organisation, le rôle d'un leader ou d'un collaborateur intègre est de défendre les valeurs de justice et d'équité, même face à des tensions internes. Cette posture renforce la confiance et le respect au sein de l'équipe.

La rivalité entre Rachel et Léa, ainsi que ses répercussions sur leurs enfants, illustre l'impact des conflits personnels sur les dynamiques d'un groupe. En tant que manager, il est crucial de prévenir et de gérer les rivalités pour préserver la cohésion et la productivité de l'équipe.

Joseph rapportait les "mauvais propos" de ses frères à leur père, un acte perçu à la fois comme loyal et conflictuel. Dans un environnement professionnel, une communication transparente sur les dysfonctionnements, associée à des mécanismes de retour constructif, peut contribuer à résoudre les problèmes sans attiser les tensions.

Le récit distingue les fils des servantes (Bilha et Zilpa) des autres enfants de Jacob. Cela reflète une forme d'exclusion implicite. Dans un cadre organisationnel, il est essentiel de promouvoir une culture inclusive où chaque membre, indépendamment de son origine ou de son rôle, se sent valorisé et intégré.

Malgré le rejet et la méchanceté de ses frères, Joseph maintient son intégrité. Un leader doit apprendre à naviguer dans des environnements hostiles tout en restant fidèle à ses valeurs et à sa vision.

La dénonciation des injustices par Joseph peut être interprétée comme une action orientée vers un objectif supérieur : instaurer un environnement plus juste. Un manager efficace doit avoir une vision claire et la capacité de prendre des décisions difficiles pour atteindre des résultats durables.

En définitive l'histoire de Joseph met en lumière les défis liés à l'intégrité, à la gestion des conflits et à l'inclusivité dans un groupe. En appliquant ces principes dans le management moderne, les leaders peuvent non seulement renforcer leur crédibilité, mais aussi inspirer leurs équipes à collaborer dans un cadre éthique et respectueux.

C'est cela que Pharaon vit en Joseph.

Joseph était un porteur de rêves (Genèse 37 : 5)

Le 28 août 1963, le pasteur baptiste et militant américain Martin Luther King prononça un discours mémorable au pied du Lincoln Memorial, à Washington, D.C. Intitulé "I Have a Dream" (« J'ai un rêve »), cette déclaration puissante est devenue le symbole d'un engagement visionnaire, résonnant encore avec une force intacte plus de cinq décennies après. À travers ses mots, King exprimait bien plus qu'une simple aspiration : il portait une vision, une promesse d'espoir et de transformation.

Le Dr. Myles Munroe, dans son ouvrage « Principles and Power of Vision »(Les principes et la puissance de la vision), affirmait avec profondeur : « La plus grande tragédie dans la vie n'est pas la mort, mais une vie sans but. » Pour Munroe, chaque individu est conçu avec une mission spécifique, un rêve à réaliser, et c'est dans la découverte et la poursuite de ce rêve que réside le véritable épanouissement de l'existence. Cette idée résonne avec la célèbre histoire de Joseph, rapportée dans le livre de la Genèse, chapitre 37, verset 5.

Joseph, ce jeune berger, fit un rêve. Le texte hébreu utilise le verbe ''chalam '', signifiant « rêver », et le mot ''chalowm'', traduisible par « songe », mais qui porte aussi l'idée d'un rêve profondément enraciné en soi. Joseph ne se contentait pas de rêver : il incarnait littéralement son rêve. En partageant sa vision avec ses frères, il utilisa le verbe hébreu ''nagad'', qui suggère l'idée de se mettre en lumière, de révéler quelque chose d'important. Joseph se positionnait comme le soleil, tandis que ses frères étaient les étoiles gravitant autour de lui. Ce récit nous montre un jeune homme audacieux, conscient de sa destinée et prêt à l'affirmer.

Plus tard, dans le même chapitre, au verset 19, ses frères l'identifient comme « le faiseur de songes ». En hébreu, le terme utilisé est ''Ba'al'', qui signifie « possesseur » ou « maître ». Joseph n'était pas seulement un rêveur ; il était le porteur et le propriétaire d'une vision de grandeur, une qualité que même ses frères, pourtant jaloux, ne pouvaient ignorer.

Pour Myles Munroe, un rêve puissant possède une force transformatrice capable de transcender l'individu et de mobiliser ceux qui l'entourent. Tout comme le discours de Martin Luther King a inspiré des millions de personnes, le rêve de Joseph a marqué son époque, apportant un sens profond à sa vie et une force indomptable pour surmonter les épreuves. Bien que ses réalisations ne soient devenues évidentes qu'après des années de lutte, sa vision a sauvé une nation tout entière et lui a permis de trouver un but ultime, au-delà des défis et des trahisons.

Que ce soit à travers l'emblématique « I Have a Dream » de Martin Luther King ou les songes révélateurs de Joseph, le rêve dépasse la simple pensée: il devient une ancre solide, une flamme vivifiante et une boussole essentielle pour orienter nos choix et impulser le changement. Comme ces figures inspirantes, un leader doit incarner une vision claire et mobilisatrice, capable d'éclairer non seulement son propre chemin, mais aussi celui de son équipe.

Une telle vision possède le pouvoir de rassembler, de motiver et de donner un sens profond aux efforts collectifs, insufflant un élan commun vers un objectif significatif.

C'est cela que Pharaon vit en Joseph.

Joseph était obéissant (Genèse 37 :13)

"Me voici !" C'est avec ces mots simples mais lourds de sens que Joseph répond à son père dans la Bible, selon la traduction Louis Segond, lorsque ce dernier lui demande de se rendre à Sichem, une ville située à environ 50 kilomètres d'Hébron, soit deux à trois jours de marche.

En y réfléchissant, je ne peux m'empêcher de me demander : aurais-je répondu avec autant de promptitude et d'engagement si j'avais été à la place de Joseph ? Probablement pas. À sa place, j'aurais certainement pris le temps de me rappeler que mes frères ne m'appréciaient guère, qu'ils nourrissaient une haine profonde envers moi en raison de la préférence que mon père m'accordait. Pourquoi aurais-je accepté une telle mission ? Pourquoi aurais-je couru le risque de me confronter à leur hostilité, et cela simplement pour aller prendre de leurs nouvelles?

Pourtant, Joseph, fidèle à l'appel de son père, se rendit à Sichem (Genèse 37:14).

L'obéissance, telle que définie par le « Dictionnaire de l'Académie française", est "l'acte de se conformer à un ordre, une règle ou une autorité". Elle est souvent perçue comme une disposition intérieure à suivre une directive ou à se soumettre à une autorité légitime. Cependant, cette soumission n'est pas nécessairement passive. Elle peut découler d'une acceptation réfléchie, d'une conviction personnelle ou d'un profond respect pour la personne qui détient cette autorité.

Dans le cas de Joseph, son obéissance va bien au-delà d'un simple acte d'exécution aveugle. Elle reflète un choix conscient de respecter la volonté paternelle, même au prix de l'inconfort ou du danger personnel. Il accepte cette mission, malgré les tensions familiales et les rivalités évidentes, démontrant ainsi une loyauté inébranlable envers son père et une intégrité qui transcende ses propres ressentiments.

Cette attitude de Joseph nous offre une leçon intemporelle. Elle illustre l'importance de prioriser un devoir supérieur, parfois même au détriment de nos intérêts ou sentiments personnels. En entreprise, cette disposition peut être transposée au leadership et à la gestion des équipes. Un collaborateur ou un manager inspiré par l'exemple de Joseph saura respecter les figures d'autorité tout en restant aligné sur une vision collective. Il comprendra que chaque action individuelle contribue à un projet plus vaste, même si les bénéfices ne sont pas immédiatement visibles.

En somme, Joseph aurait fait un excellent manager ou un responsable des ressources humaines exemplaire. Sa capacité à obéir avec discernement, à respecter les directives tout en transcendant les tensions personnelles, illustre des qualités fondamentales pour évoluer dans un cadre professionnel ou organisationnel.

Joseph est la preuve que l'obéissance, lorsqu'elle est guidée par la conscience et la loyauté, peut être un puissant levier de cohésion et de succès collectif.

C'est cela que Pharaon vit en Joseph.

Joseph était entrepreneur (Genèse 39 :3)

Le verbe « faire », chez les Hébreux, dépasse la simple notion d'action mécanique pour devenir un acte empreint d'intention, de réflexion et de création consciente. Dans le récit de la Genèse, ce mot revêt une symbolique puissante. En Genèse 1:7, il est dit : « Et Dieu fit (asah) l'étendue. » Ce même terme réapparaît en Genèse 39:3 : « Dieu faisait prospérer tout ce que Joseph asah. »* La répétition de ce verbe souligne une dynamique d'initiative et de transformation, où chaque acte devient porteur d'une vision qui se concrétise.

Dans « Genèse 39:3 », un aspect entrepreneurial fondamental de la vie de Joseph est mis en lumière : sa capacité à faire prospérer tout ce qu'il entreprend, un talent si remarquable que son maître égyptien le reconnaît et en est témoin. Ce verset précise : « Son maître vit que l'Éternel était avec lui, et que l'Éternel faisait prospérer entre ses mains tout ce qu'il entreprenait. »Cette observation, empreinte d'une reconnaissance divine, révèle des qualités qui transcendent la simple gestion pour incarner un esprit entrepreneurial visionnaire.

Joseph ne se contente pas d'accomplir ses devoirs. Il les transcende par une implication totale, une rigueur et une quête incessante d'excellence. Sa capacité à produire des résultats tangibles et significatifs reflète une qualité essentielle de l'entrepreneuriat : voir au-delà des obstacles pour saisir des opportunités. Chaque action qu'il entreprend témoigne d'une vision portée par une foi profonde et une confiance inébranlable en sa mission.

Le verbe hébreu ''asah'', traduit par ''faire'' ou ''entreprendre'', va au-delà d'une simple exécution ; il évoque une action réfléchie et délibérée, marquée par une intention forte. Joseph ne se limite pas à répondre aux attentes de son maître, il innove, améliore et transforme son environnement. Comme un entrepreneur, il identifie des opportunités et les concrétise avec succès, même dans des conditions adverses. Dans la maison de Potiphar, Joseph se distingue comme un gestionnaire exceptionnel. Son approche proactive et méthodique génère une prospérité visible à tous. Il ne s'agit pas simplement de superviser, mais de gérer avec intelligence et organisation, créant une valeur durable et maximisant les ressources. Ces qualités incarnent l'esprit entrepreneurial dans sa forme la plus noble.

Le texte souligne un point central : « Son maître vit que l'Éternel était avec lui. » Cette reconnaissance dépasse la simple efficacité technique. Elle témoigne de l'inspiration et de la confiance que Joseph suscite par son intégrité et sa manière d'agir. Comme un entrepreneur qui fédère autour de sa vision, Joseph devient un pilier de stabilité et de prospérité. Cette capacité à inspirer et mobiliser est un atout essentiel dans tout projet entrepreneurial.

La réussite de Joseph ne repose pas uniquement sur son travail acharné, mais sur une alliance entre ses efforts et une bénédiction divine. Cet équilibre entre foi et action illustre une dimension clé de l'entrepreneuriat: s'appuyer sur des convictions profondes, qu'elles soient spirituelles ou éthiques, pour orienter ses choix et alimenter sa résilience face aux épreuves.

Joseph offre une leçon intemporelle aux entrepreneurs et leaders modernes. Sa capacité à transformer les défis en opportunités, à allier vision et exécution, et à maintenir un engagement constant même dans l'adversité, incarne les principes fondamentaux du leadership et de l'entrepreneuriat.

Ce modèle trouve un écho dans l'histoire contemporaine de Jeff Bezos, qui, à l'instar de Joseph, a su concrétiser une vision audacieuse malgré les incertitudes. Bezos, en abandonnant un poste confortable pour fonder Amazon dans son garage, a démontré que chaque idée, soutenue par une exécution rigoureuse et une créativité sans relâche, peut transformer le monde.

Que ce soit dans l'histoire de Joseph ou celle de Bezos, une vérité universelle émerge : la réussite repose sur une combinaison de vision inspirante, d'actions réfléchies et d'une résilience inébranlable. Ces récits nous enseignent que l'entrepreneur, qu'il soit biblique ou contemporain, transcende les limites, fédère les énergies et bâtit des œuvres qui laissent une empreinte durable. Joseph incarne des valeurs essentielles pour tout leader ou entrepreneur : l'intégrité, la loyauté (Genèse 39:9) et la capacité à inspirer confiance.

Ces qualités, alliées à une gestion stratégique et proactive, rappellent que le succès ne se limite pas à une ambition personnelle, mais s'étend à la capacité de transformer son environnement tout en restant fidèle à des principes fondamentaux.

C'est cela que Pharaon vit en Joseph.

Joseph était un homme audacieux (Genèse 37 :39)

Après avoir médité sur l'histoire de Joseph, il apparaît que l'audace est bien plus qu'une simple prise de risque. C'est une vertu qui allie le courage, la confiance et la détermination, même face à des obstacles apparemment insurmontables. L'audace, telle qu'illustrée dans les chapitres 37 et 39 de la Genèse, transcende les peurs humaines et les règles établies pour s'enraciner dans la foi et l'intégrité.

Dans ce chapitre, Joseph se distingue dès le verset 5 par son audace à partager ses rêves prophétiques. Porté par des visions divines qui annoncent sa future grandeur, il n'hésite pas à les révéler à ses frères et à son père. Ces rêves, bien qu'ils suscitent la haine et la jalousie, sont le reflet d'une foi inébranlable. Joseph ne recule pas devant les tensions qu'ils provoquent, affirmant avec courage ce que Dieu a déposé en lui.

Au verset 25, l'histoire prend un tournant tragique : trahi par ses propres frères, dépouillé de sa tunique et vendu comme esclave, Joseph est confronté à une souffrance inimaginable. Pourtant, dans ce silence douloureux, transparaît une résilience extraordinaire. Il ne cède ni au désespoir ni à l'amertume, mais demeure animé par une force intérieure, convaincu que son destin est entre les mains de Dieu.

Devenu esclave dans la maison de Potiphar, Joseph se distingue par son travail exemplaire et son honnêteté. Sa capacité à exceller dans une position humiliante témoigne de son audace : il transforme chaque circonstance en une opportunité d'exprimer ses talents et sa foi. Grâce à cette attitude, il gagne la confiance de son maître et devient intendant de toute sa maison.

Cependant, son intégrité est mise à rude épreuve lorsque la femme de Potiphar tente de le séduire (v. 8). Joseph, dans un acte de bravoure spirituelle, rejette ses avances en proclamant :

« Comment pourrais-je commettre un si grand mal et pécher contre Dieu?»

Ces paroles, empreintes de loyauté et de piété, révèlent une audace morale rare. Il préfère subir une fausse accusation et être jeté en prison plutôt que de compromettre son éthique.

Dans sa cellule, Joseph refuse de se laisser submerger par l'injustice (v. 13-23). Il brille par sa sagesse et son humilité, gagnant la confiance du geôlier qui lui confie la gestion des détenus. Là encore, son audace se manifeste dans sa capacité à transformer un lieu de défaite apparente en un espace de service et de croissance.

À travers les chapitres 37 et 39, Joseph se révèle comme une figure exemplaire d'audace. Il incarne :   Le courage de croire en sa destinée malgré les oppositions. La force de résister à la tentation, préférant l'honneur à la compromission. La foi de voir au-delà de l'injustice, transformant chaque épreuve en tremplin.

Joseph, en choisissant de rester fidèle à Dieu et à ses valeurs, éclaire les générations comme un phare au milieu des tempêtes. Son histoire nous rappelle que l'audace véritable ne réside pas seulement dans les actes spectaculaires, mais dans la capacité à tenir ferme, à rester intègre et à persévérer.

Pharaon, en Joseph, ne vit pas seulement un gestionnaire compétent, mais un homme dont l'audace était nourrie par la main de Dieu.

C'est cela que Pharaon vit en Joseph.

Joseph était loyal (Genèse39 :9)

Le terme ''loyauté'' puise ses racines dans le latin 'legis', génitif de 'lex', signifiant « loi ». Il a engendré l'ancien français 'loial', désignant une conformité aux lois ou un comportement dicté par elles. Au fil du temps, cette notion s'est enrichie, dépassant la stricte obéissance légale pour embrasser une fidélité morale et une droiture éthique, tant dans les relations personnelles que professionnelles.

À travers l'histoire, la loyauté a été le socle de grandes figures, gravant leurs noms dans le marbre de l'humanité. **Nelson Mandela**, après 27 ans de captivité, est demeuré loyal à sa lutte contre l'apartheid, devenant un symbole universel de justice et de résilience. **Mahatma Gandhi**, leader de l'indépendance indienne, a incarné une loyauté indéfectible à ses principes de non-violence et de vérité, affrontant persécutions et épreuves avec une force morale sans égale. D'autres, tels que **Jean Moulin**, **Winston Churchill** ou **Steve Biko****, ont eux aussi fait de leur loyauté une arme puissante face à l'adversité.

Mais s'il est un exemple intemporel qui transcende les époques, c'est bien celui de Joseph, dont la loyauté brille magnifiquement dans « Genèse 39:9 ». Face à la tentation, lorsque la femme de Potiphar cherche à le séduire, Joseph répond avec une droiture exemplaire :

« Comment ferais-je un si grand mal et pécherais-je contre Dieu ? »

Joseph démontre ici une fidélité profonde à deux niveaux :

Une loyauté envers Potiphar, son maître, qui lui a confié la gestion intégrale de sa maison. En rejetant les avances de l'épouse de ce dernier, Joseph refuse de trahir cette confiance exceptionnelle, même en l'absence de tout témoin. Une loyauté envers Dieu, qu'il place au centre de ses décisions. Il ne voit pas seulement l'acte comme une infidélité envers Potiphar, mais comme un affront direct à sa foi et à ses principes spirituels.

Ce passage révèle une intégrité rare, où la loyauté devient une vertu active et réfléchie. Joseph ne se laisse pas guider par les pressions sociales ou par les attraits du moment. Il choisit ce qui est juste, motivé par des valeurs universelles et transcendantes.

Son refus éclaire plusieurs dimensions essentielles de la loyauté :

La fidélité aux responsabilités, c'est honorer la confiance qui nous est accordée, même dans le secret.

Ainsi, le récit de « Genèse 39:9 » dépasse le simple cadre narratif pour nous offrir une leçon universelle : la loyauté véritable est un engagement envers ce qui est juste, non dicté par les circonstances, mais par une volonté éclairée et une foi inébranlable. Joseph se dresse en mentor intemporel, rappelant que la loyauté, lorsqu'elle s'allie à l'intégrité et à la résilience, est un chemin vers l'élévation morale et spirituelle.

C'est cela que Pharaon vit en Joseph.

Joseph avait de l'empathie (Genèse 40 :6-7)

L'Évangile selon Jean, chapitre 11, verset 35, nous livre ces mots poignants : « Jésus pleura ». Bien que ce verset soit le plus court de la Bible, il s'avère l'un des plus chargés d'émotion et de signification spirituelle. Ce moment se déroule à Béthanie, lorsque Jésus arrive après la mort de Lazare et trouve Marthe, Marie, et les autres pleurants. C'est là que l'humanité de Jésus se révèle pleinement. Ses larmes ne sont pas seulement celles d'un ami attristé, mais celles d'un homme profondément empathique, qui ressent et partage la douleur des autres. Ce geste n'est pas simplement une manifestation de tristesse, mais une profonde connexion émotionnelle avec ceux qui souffrent. L'empathie, du grec *empatheia*, signifiant « ressentir de l'intérieur », traduit cette capacité à vivre les émotions d'autrui comme si elles nous appartenaient, à se tenir aux côtés de ceux qui souffrent.

À l'instar de Jésus, Joseph fait preuve d'une empathie remarquable lorsqu'il rencontre les deux serviteurs du pharaon, le panetier et le chef des échansons, emprisonnés avec lui. En voyant la tristesse sur leurs visages, Joseph ne se laisse pas submerger par ses propres épreuves, ni par la dureté de sa condition de prisonnier. Au contraire, il prend l'initiative de leur poser la question pleine de bienveillance : « *Pourquoi avez-vous le visage si triste aujourd'hui ?* » Ce geste, simple mais empreint de compassion, témoigne de son souci sincère pour le bien-être des autres. Joseph ne s'attarde pas sur sa propre souffrance, mais se tourne vers celle des autres, cherchant à comprendre les raisons de leur chagrin. Par cette attention portée aux émotions d'autrui, il ne se contente pas de répondre à une curiosité, mais il exprime un désir profond de soulager la souffrance, de porter une part du fardeau émotionnel de ceux qui l'entourent. Dans ce contexte, l'empathie de Joseph dépasse la simple réaction à la douleur ; elle incarne une véritable solidarité et une générosité de cœur qui réchauffe l'âme de ses compagnons d'infortune.

Tant Jésus que Joseph incarnent des exemples profonds d'empathie, un principe essentiel qui dépasse la simple compassion pour toucher l'essence même de l'expérience humaine. À travers leurs actions, nous découvrons que l'empathie ne se limite pas à une réaction émotionnelle, mais se traduit par un engagement authentique à comprendre et à alléger la souffrance des autres. Jésus, en pleurant avec ceux qui pleuraient, et Joseph, en se souciant sincèrement du bien-être de ses compagnons de captivité, nous enseignent qu'être empathique, c'est avant tout ouvrir son cœur et son esprit aux autres, même dans les moments difficiles. Leur exemple nous rappelle que l'empathie, loin d'être une simple vertu morale, est une force de transformation capable de nourrir des liens profonds et de créer une solidarité qui transcende les épreuves personnelles.

C'est cela que Pharaon vit en Joseph.

Joseph était humble (Genèse 41 :16)

Le terme **humilité** trouve ses racines dans le latin *humilitas*, dérivé de *humilis*, signifiant "bas", "modeste" ou "proche du sol". L'étymologie évoque ainsi l'idée d'une position inférieure, loin de l'arrogance ou de la prétention, et se relie à la notion de modestie et de simplicité. L'humilité, en définitive, exprime une prise de conscience de sa place, de ses limites, et un rejet de toute idée de supériorité injustifiée.

Dans **Genèse 41:16**, Joseph incarne une humilité exemplaire lorsqu'il se présente devant Pharaon pour interpréter ses rêves. Le verset rapporte : *« Joseph répondit à Pharaon : Ce n'est pas moi, Dieu donnera une réponse favorable à Pharaon. »* Par cette déclaration, Joseph manifeste une humilité authentique. Bien qu'il possède un talent exceptionnel pour l'interprétation des rêves, il s'empresse de souligner que ces dons ne lui appartiennent pas et que seul Dieu détient la clé de la solution.

Joseph aurait pu facilement céder à la tentation de s'attribuer le mérite de ses capacités, mais il choisit de détourner les projecteurs de lui-même pour les diriger vers la source divine. Il démontre ainsi que l'humilité ne réside pas simplement dans la réduction de soi, mais dans la reconnaissance de l'origine de ses talents et l'utilisation de ceux-ci dans un but plus noble. En ne cherchant pas à s'élever, mais à servir un bien plus grand, il incarne l'humilité véritable : celle qui transcende l'individualité et s'unit à un principe supérieur.

Ce geste de Joseph nous rappelle qu'un véritable leader, quelle que soit sa grandeur, doit demeurer conscient de ses limites humaines et de sa dépendance envers une force divine supérieure. À travers cette humilité, Joseph devient un modèle de sagesse et de modestie, nous enseignant que l'élévation spirituelle réside dans l'abandon de l'orgueil au profit de la reconnaissance d'une vérité plus grande que soi.

C'est cela que Pharaon vit en Joseph.

Conclusion

En conclusion, à travers l'exemple de Joseph, la Bible nous offre un modèle intemporel de vertu et de sagesse. Ses actions, guidées par des principes d'humilité, de loyauté, d'empathie et de persévérance, révèlent non seulement son caractère exceptionnel, mais aussi des leçons profondes sur la manière de vivre et de mener. Joseph incarne l'idéal du leader qui, tout en étant doté de talents remarquables, choisit de les mettre au service d'un bien plus grand que lui-même. Son humilité face à la grandeur du Pharaon, sa loyauté envers son maître Potiphar, et son empathie envers ses compagnons de captivité démontrent qu'un leadership authentique ne repose pas sur l'arrogance ou l'égocentrisme, mais sur la reconnaissance des forces et des principes supérieurs qui guident nos actions.

Ces qualités, loin d'être des concepts abstraits, trouvent un écho concret dans la vie de Joseph, qui, au-delà de ses épreuves, transforme chaque défi en une opportunité de manifester la grandeur d'esprit. À travers ces exemples, Joseph nous invite à réfléchir sur notre propre conduite : sommes-nous capables de faire preuve de la même humilité, loyauté et empathie dans nos relations et dans nos actions quotidiennes ? Son histoire, riche en enseignements, nous rappelle que la véritable grandeur réside dans la capacité à servir avec cœur, à agir avec intégrité et à demeurer fidèle aux valeurs les plus élevées, quels que soient les défis auxquels nous sommes confrontés.

Ainsi, l'exemple de Joseph nous montre que l'humilité, la loyauté, et l'empathie ne sont pas seulement des qualités personnelles, mais des principes fondamentaux qui permettent à un individu de s'élever et de transformer non seulement sa vie, mais aussi celle des autres.

Table des matières

Introduction 3

Joseph était un travailleur. (Genèse 37 : 2).............................5

Joseph était fidèle à ses principes (Genèse 37 : 2) 9

Joseph était un porteur de rêves (Genèse 37 : 5)....................15

Joseph était obéissant (Genèse 37 :13) 19

Joseph était entrepreneur (Genèse 39 :3)............................23

Joseph était un homme audacieux (Genèse 37 :39) 27

Joseph était loyal (Genèse39 :9)...31

Joseph avait de l'empathie (Genèse 40 :6-7) 33

Joseph était humble (Genèse 41 :16) 35

Conclusion..37

Bibliographie

Textes bibliques

La Bible (versions recommandées : Louis Segond, Ostervald, TOB, Jérusalem)

Genèse 37-50 : Récit de la vie de Joseph

- Psaumes et Proverbes : Réflexions sur l'humilité, la sagesse et la fidélité

Ouvrages théologiques et exégétiques

- Westermann, Claus. Genesis: A Commentary (Minneapolis: Augsburg Publishing House, 1987)

- Wenham, Gordon J. Genesis 16-50* (Dallas: Word Books, 1994)

- Alter, Robert. The Five Books of Moses: A Translation with Commentary (New York: W. W. Norton & Company, 2004)

Études et analyses sur Joseph

- Brueggemann, Walter. Genesis (Interpretation: A Bible Commentary for Teaching and Preaching, John Knox Press, 1982)

Philosophie et valeurs morales

- Lewis, C.S. Mere Christianity (HarperOne, 1952) – Sur l'humilité et la foi

- Sacks, Jonathan. Lessons in Leadership (Maggid, 2015) – Sur la responsabilité et la foi

Articles académiques et ressources en ligne

- Jewish Encyclopedia – Entrée sur Joseph et la sagesse biblique

- Bible Project (www.bibleproject.com) – Études visuelles et théologiques sur Joseph

- Oxford Biblical Studies Online – Analyses exégétiques sur la figure de Joseph

I want morebooks!

Buy your books fast and straightforward online - at one of world's fastest growing online book stores! Environmentally sound due to Print-on-Demand technologies.

Buy your books online at
www.morebooks.shop

Achetez vos livres en ligne, vite et bien, sur l'une des librairies en ligne les plus performantes au monde!
En protégeant nos ressources et notre environnement grâce à l'impression à la demande.

La librairie en ligne pour acheter plus vite
www.morebooks.shop

Printed by Books on Demand GmbH, Norderstedt / Germany